www.ingramcontent.com/pod-product-compliance
Lightning Source LLC
LaVergne TN
LVHW010217070526
838199LV00062B/4631

لہروں کی شہنائی

ساحر لدھیانوی کے منتخب فلمی نغمے

حصہ دوم

مرتبہ : اعجاز عبید

© Taemeer Publications LLC
Lehron ki Shehnai - Part-2
by: Sahir Ludhianvi
Edition: May '2025
Publisher :
Taemeer Publications LLC (Michigan, USA / Hyderabad, India)

ISBN 978-93-6908-633-7

مصنف یا ناشر کی پیشگی اجازت کے بغیر اس کتاب کا کوئی بھی حصہ کسی بھی شکل میں بشمول ویب سائٹ پر اپ لوڈنگ کے لیے استعمال نہ کیا جائے۔ نیز اس کتاب پر کسی بھی قسم کے تنازع کو نمٹانے کا اختیار صرف حیدرآباد (تلنگانہ) کی عدلیہ کو ہو گا۔

© تعمیر پبلی کیشنز

کتاب	:	لہروں کی شہنائی: حصہ-2
مصنف	:	ساحر لدھیانوی
ترتیب / تدوین	:	اعجاز عبید
صنف	:	فلمی شاعری
ناشر	:	تعمیر پبلی کیشنز (حیدرآباد، انڈیا)
سالِ اشاعت	:	۲۰۲۵ء
صفحات	:	۱۶۲
سرورق ڈیزائن	:	تعمیر ویب ڈیزائن

فہرست

پہلی بات	5
فلم : تاج محل	7
فلم : نیا دور	20
فلم : مجھے جینے دو	34
فلم : کاجل	42
فلم : دھرم پتر	47
فلم : گمراہ	55
فلم : کبھی کبھی	59
فلم : دیوداس	64
فلم : چترلیکھا	68
فلم : نیا راستہ	72

فلم : چاندی کی دیوار	76
فلم : چندر کانتا	79
فلم : انصاف کا ترازو	82
فلم : منیم جی	85
فلم : دھول کا پھول	89
فلم : نوجواں	97
فلم : بہو بیگم	99
فلم : سونے کی چڑیا	101
فلم : بابر	105
فلم : واسنا	107
فلم : ٹیکسی ڈرائیور	109
فلم : جال	111
فلم : فنٹوش	113
فلم : آنکھیں	116
فلم : چار دل چار راہیں	121
فلم : جورو کا بھائی	126
فلم : بہو رانی	128

فلم : ریلوے پلیٹ فارم	130
فلم : دوج کا چاند	135
فلم : ایک محل ہو سپنوں کا	137
فلم : بہو بیٹی	139
ہاؤس نمبر 44	143
فلم : نیل کمل	147
فلم : میرین ڈرائیو	149
فلم : عزّت	151
فلم : داستان	154
فلم : گرل فرینڈ	156

پہلی بات

یادش بخیر، وہ زمانہ یاد آتا ہے جب پہلی بار ہمارے گھر میں گاتا جائے بنجارہ ' پاکٹ بک کی شکل میں آئی۔ بلکہ آئی کہنا غلط ہے، میں خود امی کی فرمائش پر اندور کے گھر کے سامنے ' پنجاب بک سٹال ' رانی پورہ روڈ سے خرید کر لایا۔ یہ پاکٹ بک ۱۹۶۹ء تک ہمارے پاس رہی، پھر یاد نہیں کہ علی گڑھ ہجرت کرتے وقت کہاں گئی! بہر حال اندور میں یہ سب کی پسندیدہ کتاب تھی اور ساحر کی شاعری پسندیدہ شاعری (امی کی پسند ہی ہم دونوں بھائی بہن کی پسند ہوتی تھی ان دنوں)۔ اس کتاب کی آمد سے پہلے ساحر کے گیت ان فلمی گانوں کی کتابوں میں ملتے تھے جو ایک آنہ، دو آنہ کی ہر فلم کے گانوں پر مشتمل کتابچوں میں شامل ہوتے تھے (جی ہاں، یہ وہ زمانہ تھا جب کوئی فلمی گانوں کی کتاب اردو میں بھی ملتی تھی! اور نہ ہندی میں بھی ملنے والی کتاب خرید لی جاتی تھی)

لیکن اس وقت بھی گاتا جائے بنجارہ ' سے یہ شکایت تھی کہ اس میں بہت سے ایسے گیت تھے جو ہمارے سنے ہوئے نہیں تھے۔ تعجب یہ تھا کہ ساحر نے ساٹھ کی دہائی میں چھپنے والی اس کتاب میں ۱۹۷۶ء میں آنے والی فلم ' کبھی کبھی ' کے دو گیت شامل کر رکھے تھے! شاید ان کا ارادہ ہی ہو گا کہ ' میں پل دو پل کا شاعر ہوں ' اور ' کبھی کبھی میرے دل میں خیال آتا ہے ' کو فلمی گیتوں میں شامل کیا جائے۔

عرصے کے بعد غالباً ۲۰۰۹۔ ۲۰۱۰ء میں عزیزی محمد بلال اعظم نے ساحر کے گیت جمع کئے تھے جن کو میں نے ' دور گگن ' نامی ای بک کے طور پر ' اردو کی برقی کتابیں ' میں شائع کیا تھا۔ لیکن اس وقت

سے یہ خواہش ہی رہی کہ جس طرح فلمی گانوں کی کتابوں میں آوازوں کے مطابق (مثلاً دو گانوں میں لتا منگیشکر اور محمد رفیع وغیرہ کے الگ الگ حصے) گیت دئے جاتے تھے، اور جو مصرعے دہرائے گئے ہوں، انہیں دوبار لکھا جاتا تھا، اسی طرز پر ساحر کے گیت بھی مرتب کئے جائیں۔ آخر چالیس پچاس سال پرانا خواب آج پورا ہو رہا ہے کہ یہ کتاب آپ کے سامنے ہے۔

اس کتاب میں ساحر کے سارے گیت تو شامل نہیں ہیں، جو جو مجھے یاد آتے گئے، ان کو تلاش کرتا رہا کہ متن اردو یا ہندی میں مل جائے جسے اردو میں سافٹ ویر کے ذریعے تبدیل کیا جا سکے، یا گوگل او سی آر کی مدد سے حاصل ہو سکے۔ پھر کچھ یادداشت کے سہارے، کچھ گیت انٹرنیٹ پر دوبارہ سن کر ان سب باتوں کا اضافہ کر دیا ہے جو میں اپنی خواہش کے مطابق دیکھنا چاہتا تھا اور شاید میری ہی طرح دوسرے شائقین بھی چاہتے ہوں۔

ان گیتوں کی ترتیب فلموں کے حساب سے ہی کی گئی ہے۔ اور فلم کے نام کے بعد ہی موسیقار کا نام شامل کر دیا گیا ہے۔ ہر گیت کے گلوکار کا نام بھی شامل ہے۔ اگر کوئی غلطی ہو گئی ہو تو قارئین سے درخواست ہے کہ اسے ہمارے علم میں لایا جائے تاکہ اگلے ورژن میں اس کی درستی کر دی جائے۔

پیش ہے اس کتاب کا دوسرا حصہ۔

اعجاز عبید

۳۰، اپریل ۲۰۲۵ء

سپرنگ، ٹیکسس، یو ایس اے

***

فلم : تاج محل

موسیقار : روشن

جو بات تجھ میں ہے تری تصویر میں نہیں

آواز : محمد رفیع

جو بات تجھ میں ہے تری تصویر میں نہیں
تصویر میں نہیں
جو بات تجھ میں ہے تری تصویر میں نہیں

جو بات تجھ میں ہے

رنگوں میں ترا عکس ڈھلا تو نہ ڈھل سکی
سانسوں کی آگ جسم کی خوشبو نہ ڈھل سکی
تجھ میں جو لوچ ہے مری تحریر میں نہیں
تحریر میں نہیں
جو بات تجھ میں ہے تری تصویر میں نہیں
تصویر میں نہیں
جو بات تجھ میں ہے

بے جان حسن میں کہاں گفتار کی ادا
انکار کی ادا ہے نہ اقرار کی ادا
کوئی لچک بھی زلف گرہ گیر میں نہیں
گرہ گیر میں نہیں
جو بات تجھ میں ہے تری تصویر میں نہیں
تصویر میں نہیں
جو بات تجھ میں ہے

دنیا میں کوئی چیز نہیں ہے تری طرح

پھر ایک بار سامنے آجا کسی طرح

کیا اور اک جھلک مری تقدیر میں نہیں

تقدیر میں نہیں

جو بات تجھ میں ہے تری تصویر میں نہیں

تصویر میں نہیں

جو بات تجھ میں ہے

★★★

خدائے برتر تری زمی پر

موسیقار : روشن

خدائے برتر! تری زمیں پر، زمیں کی خاطر یہ جنگ کیوں ہے؟
ہر ایک فتح و ظفر کے دامن پہ خونِ انسان کا رنگ کیوں ہے؟
خدائے برتر!

زمیں بھی تیری ہے ہم بھی تیرے، یہ ملکیت کا سوال کیا ہے؟
یہ قتل و خواں کا رواج کیوں ہے، یہ رسمِ جنگ و جدال کیا ہے؟
جنہیں طلب ہے جہان بھر کی، انہیں کا دل اتنا تنگ کیوں ہے؟
خدائے برتر! تری زمیں پر، زمیں کی خاطر یہ جنگ کیوں ہے؟
خدائے برتر!

غریب ماؤں، شریف بہنوں کو امن و عزت کی زندگی دے

جنہیں عطا کی ہے تو نے طاقت ، انہیں ہدایت کی روشنی دے
سروں میں کبر و غرور کیوں ہے ، دلوں کے شیشے پہ زنگ کیوں ہے ؟
خدائے برتر! تری زمیں پر ، زمیں کی خاطر یہ جنگ کیوں ہے ؟
خدائے برتر!

***

جو وعدہ وعدہ کیا وہ نبھانا پڑے گا

آواز : محمد رفیع ، لتا منگیشکر

رفیع :

جو وعدہ وعدہ کیا وہ نبھانا پڑے گا

روکے زمانہ چاہے روکے خدائی تم کو آنا پڑے گا

جو وعدہ وعدہ کیا وہ نبھانا پڑے گا

نبھانا پڑے گا

ترستی نگاہوں نے آواز دی ہے

محبت کی راہوں نے آواز دی ہے

جان حیا ، جان ادا

چھوڑ و ترسانا تم کو آنا پڑے گا

جو وعدہ وعدہ کیا وہ نبھانا پڑے گا

نبھانا پڑے گا

لتا :

یہ مانا ہمیں جاں سے جانا پڑے گا
پر یہ سمجھ لو تم نے
جب بھی پکارا ہم کو آنا پڑے گا
جو وعدہ وعدہ کیا وہ نبھانا پڑے گا
نبھانا پڑے گا

ہم اپنی وفا پے نا الزام لیں گے
تمہیں دل دیا ہے تمہیں جاں بھی دیں گے
جب عشق کا سودا کیا
پھر کیا گھبرانا تم کو آنا پڑے گا
جو وعدہ وعدہ کیا وہ نبھانا پڑے گا
نبھانا پڑے گا

چمکتے ہیں جب تک یہ چاند اور تارے
نہ ٹوٹیں گے اب عہد و پیماں ہمارے

اک دوسرا جب دے صدا
ہو کے دیوانہ ہم کو آنا پڑے گا
جو وعدہ ۔ ۔ ۔

دونوں :
ہماری کہانی تمہارا افسانہ
ہمیشہ ہمیشہ کہے گا زمانہ
کیسے بھلا کیسی سزا
دے دے زمانا ہم کو آنا پڑے گا
جو وعدہ وعدہ کیا وہ نبھانا پڑے گا
نبھانا پڑے گا

سبھی اہلِ دنیا یہ کہتے ہیں ہم سے
کہ آتا نہیں کوئی ملکِ عدم سے
آ جا ذرا شانِ وفا
دیکھے زمانا تم کو آنا پڑے گا
جو وعدہ وعدہ کیا وہ نبھانا پڑے گا
نبھانا پڑے گا

بہت جی لگایا زمانہ سے ہم نے
بہت وقت کاٹا بہانے سے ہم نے
جب سے ہوا تم سے جدا
یہ دل نہ مانا تم کو آنا پڑے گا
جو وعدہ کیا

ہم آتے رہے ہیں ہم آتے رہیں گے
محبت کی رسمیں نبھاتے رہیں گے
جان وفا تم دو صدا
پھر کیا ٹھکانا ہم کو، آنا پڑے گا
جو وعدہ وعدہ کیا وہ نبھانا پڑے گا
نبھانا پڑے گا
★★★

جرم الفت پہ ہمیں لوگ سزا دیتے ہیں

آواز : لتا منگیشکر

جرم الفت پہ ہمیں لوگ سزا دیتے ہیں
کیسے نادان ہیں شعلوں کو ہوا دیتے ہیں
جرم الفت پہ ۔ ۔ ۔

ہم سے دیوانے کہیں ترکِ وفا کرتے ہیں
جان جائے کہ رہے بات نبھا دیتے ہیں
جرم الفت پہ ۔ ۔ ۔

آپ دولت کے ترازو میں دلوں کو تولیں
ہم محبت سے محبت کا صلہ دیتے ہیں
جرم الفت پہ ۔ ۔ ۔

تخت کیا چیز ہے اور لعل و جواہر کیا ہیں
عشق والے تو خدائی بھی لٹا دیتے ہیں
جرم الفت پہ۔۔۔۔

ہم نے دل دے بھی دیا عہد وفا لے بھی لیا
آپ اب شوق سے دے لیں جو سزا دیتے ہیں
جرم الفت پہ۔۔۔۔
***

پاؤں چھو لینے دو

آوازیں : محمد رفیع، لتا منگیشکر

رفیع :

پاؤں چھو لینے دو، پھولوں کو عنایت ہوگی
ورنہ ہم کو نہیں، ان کو بھی شکایت ہوگی

لتا :

آپ جو پھول بچھائیں، انہیں ہم ٹھکرائیں
ہم کو ڈر ہے
ہم کو ڈر ہے کہ یہ توہینِ محبت ہوگی

رفیع :

دل کی بے چین امنگوں پہ کرم فرماؤ
دل کی بے چین امنگوں پہ کرم فرماؤ
اتنا رک رک کے

اتنا رک رک کے چلو گی تو قیامت ہو گی

لتا :

شرم روکے ہے ادھر، شوق ادھر کھینچے ہے
کیا خبر تھی
کیا خبر تھی کبھی اس دل کی یہ حالت ہو گی

رفیع :

شرم غیروں سے ہوا کرتی ہے، اپنوں سے نہیں
شرم ہم سے
شرم ہم سے بھی کرو گی تو مصیبت ہو گی
پاؤں چھو لینے دو، پھولوں کو عنایت ہو گی
ورنہ ہم کو نہیں، ان کو بھی شکایت ہو گی

***

فلم : نیا دور

موسیقار : او پی نیر

آنا ہے تو آ

آواز : محمد رفیع

آنا ہے تو آ راہ میں کچھ پھیر نہیں ہے
بھگوان کے گھر دیر ہے اندھیر نہیں ہے
آنا ہے تو آ راہ میں کچھ پھیر نہیں ہے
آنا ہے تو آ

جب تجھ سے نہ سلجھیں ترے الجھے ہوئے دھندے

بھگوان کے انصاف پہ سب چھوڑ دے بندے
خود ہی تری مشکل کو وہ آسان کرے گا
جو تو نہیں کر پایا وہ بھگوان کرے گا
آنا ہے تو آ

کہنے کی ضرورت نہیں آنا ہی بہت ہے
اس در پہ ترا ایسی جھکانا ہی بہت ہے
جو کچھ ہے ترے دل میں سبھی اس کو خبر ہے
بندے ترے ہر حال پہ مالک کی نظر ہے
آنا ہے تو آ

بن مانگے ہی ملتی ہیں یہاں من کی مرادیں
دل صاف ہو جن کا وہ یہاں آ کے صدا دیں
ملتا ہے جہاں نیائے وہ دربار یہی ہے
سنسار کی سب سے بڑی سرکار یہی ہے
آنا ہے تو آ راہ میں کچھ پھیر نہیں ہے
آنا ہے تو آ

یہ دیش ہے ویر جوانوں کا

آوازیں : محمد رفیع، بلبیر اور ساتھی

یہ دیش ہے ویر جوانوں کا
البیلوں کا مستانوں کا
اس دیش کا یارو ہوے۔۔۔
اس دیش کا یارو کیا کہنا
یہ دیش ہے دنیا کا گہنا

یہاں چوڑی چھاتی ویروں کی
یہاں گوری شکلیں ہیروں کی
یہاں گاتے ہیں رانجھے ہوے۔۔۔
یہاں گاتے ہیں رانجھے مستی میں
مچتی ہیں دھومیں بستی میں

پیڑوں پہ بہاریں، جھولوں کی
راہوں میں قطاریں پھولوں کی
یہاں ہنستا ہے ساون ہوے۔۔۔
یہاں ہنستا ہے ساون بالوں میں
کھلتی ہیں کلیاں گالوں میں

کہیں دنگل شوخ جوانوں کے
کہیں کرتب تیر کمانوں کے
یہاں نت نت میلے ہوے۔۔۔
یہاں نت نت میلے سجتے ہیں
نت ڈھول اور تاشے بجتے ہیں

دلبر کے لیے دل دار ہیں ہم
دشمن کے لیے تلوار ہیں ہم
میداں میں اگر ہم ہوے۔۔۔
میداں میں اگر ہم ڈٹ جائیں
مشکل ہے کہ پیچھے ہٹ جائیں

***

ساتھی ہاتھ بڑھانا

آوازیں : محمد رفیع / آشا بھوسلے

ساتھی ہاتھ بڑھانا
ساتھی ہاتھ بڑھانا
ایک اکیلا تھک جائے گا مل کر بوجھ اٹھانا
ساتھی ہاتھ بڑھانا
ساتھی ہاتھ بڑھانا ساتھی رے
ساتھی ہاتھ بڑھانا ساتھی رے

ہم محنت والوں نے جب بھی مل کر قدم بڑھایا
ساگر نے رستہ چھوڑا پربت نے سیس جھکایا
فولادی ہیں سینے اپنے فولادی ہیں بانہیں
ہم چاہیں تو پیدا کر دیں چٹانوں میں راہیں

ساتھی ہاتھ بڑھانا

ساتھی ہاتھ بڑھانا

ساتھی ہاتھ بڑھانا ساتھی رے

ساتھی ہاتھ بڑھانا ساتھی رے

محنت اپنے لیکھ کی ریکھا محنت سے کیا ڈرنا

کل غیروں کی خاطر کی آج اپنی خاطر کرنا

اپنا دکھ بھی ایک ہے ساتھی اپنا سکھ بھی ایک

اپنی منزل سچ کی منزل اپنا رستہ نیک

ساتھی ہاتھ بڑھانا

ساتھی ہاتھ بڑھانا

ساتھی ہاتھ بڑھانا ساتھی رے

ساتھی ہاتھ بڑھانا ساتھی رے

ایک سے ایک ملے تو قطرہ بن جاتا ہے دریا

ایک سے ایک ملے تو ذرہ بن جاتا ہے صحرا

ایک سے ایک ملے تو رائی بن سکتی ہے پربت

ایک سے ایک ملے تو انساں بس میں کر لے قسمت

ساتھی ہاتھ بڑھانا

ساتھی ہاتھ بڑھانا

ساتھی ہاتھ بڑھانا ساتھی رے

ساتھی ہاتھ بڑھانا ساتھی رے

ماٹی سے ہم لعل نکالیں موتی لائیں جل سے

جو کچھ اس دنیا میں بنا ہے بنا ہمارے بل سے

کب تک محنت کے پیروں میں دولت کی زنجیریں

ہاتھ بڑھا کر چھین لو اپنے خوابوں کی تعبیریں

ساتھی ہاتھ بڑھانا

ساتھی ہاتھ بڑھانا

ساتھی ہاتھ بڑھانا ساتھی رے

ساتھی ہاتھ بڑھانا ساتھی رے

★★★

اڑیں جب جب زلفیں تیری

آواز : محمد رفیع، آشا بھوسلے

آشا :
اڑیں جب جب زلفیں تیری
ہو، اڑیں جب جب زلفیں تیری
اڑیں جب جب زلفیں تیری
ہو، اڑیں جب جب زلفیں تیری
کنواریوں کا دل مچلے
کنواریوں کا دل مچلے
جند میرے لے
رفیع :
ہو، جب ایسے چھکنے چہرے
جب ایسے چھکنے چہرے

ہو، جب ایسے چکنے چہرے
جب ایسے چکنے چہرے
تو کیسے نہ نظر پھسلے
تو کیسے نہ نظر پھسلے
جند میرے لے

آشا :
ہو، رت پیار کرن کی آئی
رت پیار کرن کی آئی
ہو، رت پیار کرن کی آئی
رت پیار کرن کی آئی
کہ بیریوں کے بیر پک گئے
کہ بیریوں کے بیر پک گئے
جند میرے لے

رفیع :
کبھی ڈال ادھر بھی پھیرا
ہو، کبھی ڈال ادھر بھی پھیرا

کبھی ڈال ادھر بھی پھیرا

ہو، کبھی ڈال ادھر بھی پھیرا

کہ تک تک نین تھک گئے

کہ تک تک نین تھک گئے

جند میرے لے

آشا:

اس گاؤں پہ سورگ بھی صدقے

ہو، اس گاؤں پہ سورگ بھی صدقے

اس گاؤں پہ سورگ بھی صدقے

ہو، اس گاؤں پہ سورگ بھی صدقے

کہ جہاں مرا یار بستا

کہ جہاں مرا یار بستا

جند میرے لے

رفیع:

پانی لینے کے بہانے آجا

ہو، پانی لینے کے بہانے آجا

پانی لینے کے بہانے آجا

ہو، پانی لینے کے بہانے آجا

کہ تیرا میرا اک رستا

کہ تیرا میرا اک رستا

جند میریے

رفیع :

ہو، تجھے چاند کے بہانے دیکھوں

تجھے چاند کے بہانے دیکھوں

ہو، تجھے چاند کے بہانے دیکھوں

تجھے چاند کے بہانے دیکھوں

تو چھت پر آجا گوریئے

تو چھت پر آجا گوریئے

جند میریے

آشا :

ابھی چھیڑیں گے گلی کے سب لڑکے

ابھی چھیڑیں گے گلی کے سب لڑکے

ابھی چھیڑیں گے گلی کے سب لڑکے
کہ چاند بیری چھپ جانے دے
کہ چاند بیری چھپ جانے دے
جند میرے لیے

رفیع :
ہو، تیری چال ہے ناگن جیسی
تیری چال ہے ناگن جیسی
ہو، تیری چال ہے ناگن جیسی
تیری چال ہے ناگن جیسی
رے جوگی تجھے لے جائیں گے
رے جوگی تجھے لے جائیں گے
جند میرے لیے

آشا :
جائیں کہیں بھی مگر ہم سجنا
جائیں کہیں بھی مگر ہم سجنا
جائیں کہیں بھی مگر ہم سجنا

یہ دل تجھے دے جائیں گے
یہ دل تجھے دے جائیں گے
جند میرے لیے
***

فلم : مجھے جینے دو

موسیقار : جے دیو

اب کوئی گلشن نہ اجڑے اب وطن آزاد ہے

آواز : محمد رفیع

اب کوئی گلشن نہ اجڑے
اب کوئی گلشن نہ اجڑے اب وطن آزاد ہے
اب کوئی گلشن نہ اجڑے اب وطن آزاد ہے
روح گنگا کی ہمالہ کا بدن آزاد ہے

کھیتیاں سونا اگائیں
وادیاں موتی لٹائیں
کھیتیاں سونا اگائیں وادیاں موتی لٹائیں

آج گو تم

آج گو تم کی زمیں تلسی کا بن آزاد ہے

اب کوئی گلشن نہ اجڑے اب وطن آزاد ہے

مندروں میں سنکھ باجے مسجدوں میں ہو اذاں

مندروں میں سنکھ باجے

مسجدوں میں ہو اذاں

مندروں میں سنکھ باجے مسجدوں میں ہو اذاں

شیخ کا دھرم

شیخ کا دھرم اور دین برہمن آزاد ہے

لوٹ کیسی بھی ہو اب اس دیش میں رہنے نہ پائے

لوٹ کیسی بھی ہو اب اس دیش میں رہنے نہ پائے

آج سب کے

آج سب کے واسطے دھرتی کا دھن آزاد ہے

اب کوئی گلشن نہ اجڑے اب وطن آزاد ہے

***

رات بھی ہے کچھ بھیگی بھیگی

آواز: لتا منگیشکر

رات بھی ہے کچھ بھیگی بھیگی
چاند بھی ہے کچھ مدھم مدھم
تم آؤ تو آنکھیں کھولیں
سوئی ہوئی پائل کی چھم چھم
چھم چھم ، چھم چھم ، چھم چھم ، چھم چھم

کس کو بتائیں کیسے بتائیں
آج عجب ہے دل کا عالم
چین بھی ہے کچھ ہلکا ہلکا
درد بھی ہے کچھ مدھم مدھم
چھم چھم ، چھم چھم ، چھم چھم ، چھم چھم

پتے دل پر یوں گرتی ہے
تیری نظر سے پیار کی شبنم
جلتے ہوئے جنگل پر جیسے
برکھا برسے رک رک تھم تھم
چھم چھم ، چھم چھم ، چھم چھم ، چھم چھم

ہوش میں تھوڑی بیہوشی ہے
بیہوشی میں ہوش ہے کم کم
تجھ کو پانے کی کوشش میں
دونوں جہاں سے کھوسے گئے ہم
چھم چھم ، چھم چھم ، چھم چھم ، چھم چھم ،
رات ۔۔۔۔

***

تیرے بچپن کو جوانی کی دعا دیتی ہوں

آواز : لتا منگیشکر

تیرے بچپن کو جوانی کی دعا دیتی ہوں
اور دعا دے کے پریشان سی ہو جاتی ہوں

میرے بچے! میرے گلزار کے ننھے پودے
تجھ کو حالات کی آندھی سے بچانے کے لئے
آج میں پیار کے آنچل میں چھپا لیتی ہوں
کل یہ کمزور سہارا بھی نہ حاصل ہوگا
کل تجھے کانٹوں بھری راہ پہ چلنا ہوگا
زندگانی کی کڑی دھوپ میں جلنا ہوگا
تیرے بچپن کو جوانی کی دعا دیتی ہوں

اور دعا دے کے پریشان سی ہو جاتی ہوں

تیرے ماتھے پہ شرافت کی کوئی مہر نہیں
چند بوسے ہیں محبت کے سو وہ بھی کیا ہیں
مجھ سے ماؤں کی محبت کا کوئی مول نہیں
میرے معصوم فرشتے تو ابھی کیا جانے
تجھ کو کس کس کے گناہوں کی سزا ملنی ہے
دین اور دھرم کے مارے ہوئے انسانوں کی
جو نظر ملنی ہے، وہ تجھ کو خفا ملنی ہے
تیرے بچپن کو جوانی کی دعا دیتی ہوں
اور دعا دے کے پریشان سی ہو جاتی ہوں

بیڑیاں لے کے لپٹا ہوا قانون کا ہات
تیرے ماں باپ سے جب تجھ کو ملی یہ سوغات
کون لائے گا ترے واسطے خوشیوں کی برات
میرے بچے ترے انجام سے جی ڈرتا ہے
تیری دشمن ہی نہ ثابت ہو جوانی تیری

کانپ جاتی ہے جیسے سوچ کے ممتا میری
اسی انجام کو پہنچے نہ کہانی تیری
تیرے بچپن کو جوانی کی دعا دیتی ہوں
اور دعا دے کے پریشان سی ہو جاتی ہوں
***

فلم : کاجل

موسیقار : روی

میرے بھیا، میرے چندا

آواز : آشا بھوسلے

میرے بھیا، میرے چندا، مرے انمول رتن
تیرے بدلے میں زمانے کی کوئی چیز نہ لوں!
میرے بھیا، میرے چندا، مرے انمول رتن

تیری سانسوں کی قسم کھا کے ہوا چلتی ہے

تیرے چہرے کی جھلک پا کے بہار آتی ہے
ایک پل بھی مری نظروں سے جو تو اوجھل ہو
ہر طرف میری نظر تجھ کو پکار آتی ہے!
میرے بھیا، میرے چندا، مرے انمول رتن
تیرے بدلے میں زمانے کی کوئی چیز نہ لوں!

تیرے سہرے کی مہکتی ہوئی لڑیوں کے لئے
ان گنت پھول امیدوں کے چنے ہیں میں نے
وہ بھی دن آئے کہ ان خوابوں کی تعبیر بنے
تیری خاطر جو حسیں خواب چنے میں نے
میرے بھیا، میرے چندا، مرے انمول رتن
تیرے بدلے میں زمانے کی کوئی چیز نہ لوں!
***

چھو لینے دو نازک ہونٹوں کو

آواز: محمد رفیع

چھو لینے دو نازک ہونٹوں کو کچھ اور نہیں ہے جام ہے یہ
قدرت نے جو ہم کو بخشا ہے وہ سب سے حسیں انعام ہے یہ
چھو لینے دو نازک ہونٹوں کو

شرما کے نہ یوں ہی کھو دینا رنگین جوانی کی گھڑیاں
شرما کے نہ یوں ہی کھو دینا رنگین جوانی کی گھڑیاں
بیتاب دھڑکتے سینوں کا ارمان بھرا پیغام ہے یہ
چھو لینے دو نازک ہونٹوں کو

اچھوں کو برا ثابت کرنا دنیا کی پرانی عادت ہے
اچھوں کو برا ثابت کرنا دنیا کی پرانی عادت ہے
اس مے کو مبارک چیز سمجھ مانا کہ بہت بدنام ہے یہ
چھو لینے دو نازک ہونٹوں کو

یہ زلف اگر کھل کے بکھر جائے تو اچھا

آواز : محمد رفیع

یہ زلف اگر کھل کے بکھر جائے تو اچھا
اس رات کی تقدیر سنور جائے تو اچھا
یہ زلف اگر کھل کے

جس طرح سے تھوڑی سی ترے ساتھ کٹی ہے
باقی بھی اسی طرح گزر جائے تو اچھا
یہ زلف اگر کھل کے

دنیا کی نگاہوں میں بھلا کیا ہے برا کیا
یہ بوجھ اگر دل سے اتر جائے تو اچھا
یہ زلف اگر کھل کے

ویسے تو تمہیں نے مجھے برباد کیا ہے
الزام کسی اور کے سر جائے تو اچھا
یہ زلف اگر کھل کے

***

فلم : دھرم پتر

موسیقار : این دتا

میں جب بھی اکیلی ہوتی ہوں

آواز : آشا بھونسلے

میں جب بھی اکیلی ہوتی ہوں ، تم چپکے سے آجاتے ہو
اور جھانک کے میری آنکھوں میں بیتے دن یاد دلاتے ہو
بیتے دن یاد دلاتے ہو
میں جب بھی اکیلی ہوتی ہوں

مستانہ ہوا کے جھونکوں سے ہر بار وہ پردے کا ہلنا
پردے کو پکڑنے کی دھن میں دو اجنبی ہاتھوں کا ملنا

آنکھوں میں دھواں سا چھا جانا، سانسوں میں ستارے سے کھلنا
میں جب بھی اکیلی ہوتی ہوں، تم چپکے سے آ جاتے ہو

رستے میں تمہارا مڑ مڑ کر تکنا وہ مجھے جاتے جاتے
اور میرا اٹھ ٹھک کر رک جانا، چلمن کے قریب آتے آتے
نظروں کا ترس کر رہ جانا، اک اور جھلک پاتے پاتے
میں جب بھی اکیلی ہوتی ہوں، تم چپکے سے آ جاتے ہو

بالوں کو سکھانے کی خاطر، کوٹھے پہ وہ میرا آ جانا
اور تم کو مقابل پاتے ہی کچھ شرمانا، کچھ بل کھانا
ہمسایوں کے ڈر سے کترانا، گھر والوں کے درسے گھبرانا
میں جب بھی اکیلی ہوتی ہوں، تم چپکے سے آ جاتے ہو

رو رو کے تمہیں خط لکھتی ہوں، اور خود پڑھ کر رو لیتی ہوں
حالات کے تپتے طوفاں میں جذبات کی کشتی کھیتی ہوں
کیسے ہو، کہاں ہو کچھ تو کہو، میں تم کو صدائیں دیتی ہوں
میں جب بھی اکیلی ہوتی ہوں، تم چپکے سے آ جاتے ہو
اور جھانک کے میری آنکھوں میں بیتے دن یاد دلاتے ہو
***

49

چاہے یہ مانو، چاہے
آوازیں : بلبیر، مہندر کپور اور ساتھی

کعبے میں رہو یا کاشی میں، نسبت تو اسی کی ذات سے ہے
تم رام کہو کہ رحیم کہو، مطلب تو اسی کی بات سے ہے
یہ مسجد ہے، وہ بت خانہ، چاہے یہ مانو، چاہے وہ مانو
مقصد تو ہے دل کو سمجھانا، چاہے یہ مانو، چاہے وہ مانو
چاہے یہ مانو، چاہے وہ مانو

یہ شیخ و برہمن کے جھگڑے، سب نا سمجھی کی باتیں ہیں
ہم نے تو ہے بس اتنا جانا، چاہے یہ مانو، چاہے وہ مانو
چاہے یہ مانو، چاہے وہ مانو

گر جذبِ محبت صادق ہو، ہر در سے مرادیں ملتی ہیں
ہر گھر ہے اسی کا کاشانہ، چاہے یہ مانو، چاہے وہ مانو
چاہے یہ مانو، چاہے وہ مانو
***

بھول سکتا ہے بھلا کون

محمد رفیع

بھول سکتا ہے بھلا کون یہ پیاری آنکھیں
رنگ میں ڈوبی ہوئی نیند سے بھاری آنکھیں
بھول سکتا ہے بھلا کون

میری ہر سوچ نے ہر سانس نے چاہا ہے تمہیں
جب سے دیکھا ہے تمہیں تب سے سراہا ہے تمہیں
بس گئی ہیں مری آنکھوں میں تمہاری آنکھیں
بھول سکتا ہے بھلا کون

تم جو نظروں کو اٹھاؤ تو ستارے جھک جائیں
تم جو پلکوں کو جھکاؤ تو زمانے رک جائیں

کیوں نہ بن جائیں ان آنکھوں کی پجاری آنکھیں
بھول سکتا ہے بھلا کون

جاگتی راتوں کو سپنوں کا خزانہ مل جائے
تم جو مل جاؤ تو جینے کا بہانہ مل جائے
اپنی قسمت پہ کریں ناز ہماری آنکھیں
بھول سکتا ہے بھلا کون
★★★

آج کی رات مرادوں کی برات آئی ہے
آواز : مہندر کپور

آج کی رات نہیں شکوے شکایت کے لئے
آج ہر لمحہ ہر اک پل ہے محبت کے لئے
ریشمی سیج ہے مہکی ہوئی تنہائی ہے
آج کی رات مرادوں کی برات آئی ہے

ہر گنہ آج مقدس ہے فرشتوں کی طرح
کانپتے ہاتھوں کو مل جانے دو رشتوں کی طرح
آج ملنے میں نہ الجھن ہے نہ رسوائی ہے
آج کی رات مرادوں کی برات آئی ہے

اپنی زلفیں مرے شانے پہ بکھر جانے دو
اس حسیں رات کو کچھ اور نکھر جانے دو
صبح نے آج نہ آنے کی قسم کھائی ہے
آج کی رات مرادوں کی برات آئی ہے

***

فلم : گمراہ

موسیقار : روی

آپ آئے تو خیال دل ناشاد آیا

مہندر کپور

آپ آئے تو خیال دل ناشاد آیا
کتنے بھولے ہوئے زخموں کا پتا یاد آیا
آپ آئے

آپ کے لب پہ کبھی اپنا بھی نام آیا تھا
شوخ نظروں سے محبت کا سلام آیا تھا
عمر بھر ساتھ نبھانے کا پیام آیا تھا
آپ کو دیکھ کے وہ عہد وفا یاد آیا

آپ آئے تو خیال دل ناشاد آیا
آپ آئے

روح میں جل اٹھے بجھتی ہوئی یادوں کے دیے
کیسے دیوانے تھے ہم آپ کو پانے کے لئے
یوں تو کچھ کم نہیں جو آپ نے احسان کیے
پر جو مانگے سے نہ پایا وہ صلہ یاد آیا
آپ آئے تو خیال دل ناشاد آیا
آپ آئے

آج وہ بات نہیں پھر بھی کوئی بات نہیں
میرے حصے میں یہ ہلکی سی ملاقات تو ہے
غیر کا ہو کے بھی یہ حسن مرے ساتھ تو ہے
ہائے کس وقت مجھے کب کا گلا یاد آیا
آپ آئے تو خیال دل ناشاد آیا

***

چلو اک بار پھر سے

آواز : مہندر کپور

چلو اک بار پھر سے اجنبی بن جائیں ہم دونوں
چلو اک بار

نہ میں تم سے کوئی امید رکھوں دلنوازی کی
نہ تم میری طرف دیکھو غلط انداز نظروں سے
نہ میرے دل کی دھڑکن لڑکھڑائے میری باتوں سے
نہ ظاہر ہو تمہاری کشمکش کا راز نظروں سے
چلو اک بار پھر سے اجنبی بن جائیں ہم دونوں
چلو اک بار

تمہیں بھی کوئی الجھن روکتی ہے پیش قدمی سے

مجھے بھی لوگ کہتے ہیں کہ یہ جلوے پرائے ہیں
مرے ہمراہ بھی رسوائیاں ہیں میرے ماضی کی
تمہارے ساتھ بھی گزری ہوئی راتوں کے سائے ہیں
چلو اک بار پھر سے اجنبی بن جائیں ہم دونوں
چلو اک بار

تعارف روگ ہو جائے تو اس کو بھولنا بہتر
تعلق بوجھ بن جائے تو اس کو توڑنا اچھا
وہ افسانہ جسے تکمیل تک لانا نہ ہو ممکن
اسے اک خوبصورت موڑ دے کر چھوڑنا اچھا
چلو اک بار پھر سے اجنبی بن جائیں ہم دونوں
چلو اک بار

***

فلم : کبھی کبھی

موسیقار : خیام

میں پل دو پل کا شاعر ہوں

آواز : مکیش

میں پل دو پل کا شاعر ہوں
پل دو پل مری کہانی ہے
پل دو پل میری ہستی ہے
پل دو پل مری جوانی ہے
میں پل دو پل کا شاعر ہوں

رشتوں کا روپ بدلتا ہے
بنیادیں ختم نہیں ہوتیں
خوابوں کی اور امنگوں کی
میعادیں ختم نہیں ہوتیں
ہر پھول میں تیرا روپ بسا
ہر پھول میں تیری جوانی ہے
میں پل دو پل کا شاعر ہوں

اک چہرہ تیری نشانی ہے
اک چہرہ میری نشانی ہے
تم کو مجھ کو جیون امرت
ان ہاتھوں سے ہی پینا ہے
ان کی دھڑکن میں بسنا ہے
ان کے سانسوں میں جینا ہے
تو اپنی ادائیں بخش انہیں
میں اپنی وفائیں دیتا ہوں

جو اپنے لیے سوچی تھی کبھی
وہ ساری دعائیں دیتا ہوں
میں پل دو پل کا شاعر ہوں
پل دو پل مری کہانی ہے
پل دو پل میری ہستی ہے
پل دو پل مری جوانی ہے
میں پل دو پل کا شاعر ہوں

***

کبھی کبھی میرے دل میں خیال آتا ہے

آواز : مکیش

کبھی کبھی میرے دل میں خیال آتا ہے
کہ جیسے تجھ کو بنایا گیا ہے میرے لیے
تواب سے پہلے ستاروں میں بس رہی تھی کہیں
تجھے زمین پہ بلایا گیا ہے میرے لیے
کبھی کبھی میرے دل میں خیال آتا ہے

کہ یہ بدن یہ نگاہیں میری امانت ہیں
یہ گیسوؤں کی گھنی چھاؤں ہے مری خاطر
یہ ہونٹ اور یہ بانہیں مری امانت ہیں
کہ جیسے بجتی ہیں شہنائیاں سی راہوں میں
سہاگ رات ہے گھونگھٹ اٹھا رہا ہوں میں

سمٹ رہی ہے تو شرما کے اپنی بانہوں میں
کبھی کبھی میرے دل میں خیال آتا ہے

کہ جیسے تو مجھے چاہے گی عمر بھریوں ہی
اٹھے گی میرے طرف پیار کی نظریوں ہی
میں جانتا ہوں تو غیر ہے مگر یوں ہی
کبھی کبھی میرے دل میں خیال آتا ہے....!

***

فلم : دیوداس

موسیقار : سچن دیو برمن

جسے تو قبول کرلے

آواز : لتا منگیشکر

جسے تو قبول کرلے
جسے تو قبول کرلے وہ ادا کہاں سے لاؤں
ترے دل کو جو بھائے وہ صدا کہاں سے لاؤں
جسے تو قبول کرلے

میں وہ پھول ہوں کہ جس کو گیا ہر کوئی مسل کے

مری عمر بہہ گئی ہے مرے آنسوؤں میں ڈھل کے
جو بہار بن کے برسے وہ گھٹا کہاں سے لاؤں
جسے تو قبول کر لے

تجھے اور کی تمنا مجھے تیری آرزو ہے
ترے دل میں غم ہی غم ہے مرے دل میں تو ہی تو ہے
جو دلوں کو چین دے دے وہ دوا کہاں سے لاؤں
جسے تو قبول کر لے

مری بے بسی ہے ظاہر مری آہ بے اثر سے
کبھی موت بھی جو مانگی تو نہ پائی اس کے در سے
جو مراد لے کے آئے وہ دعا کہاں سے لاؤں
جسے تو قبول کر لے

***

کس کو خبر تھی

آواز : طلعت محمود

کس کو خبر تھی کس کو یقیں تھا
ایسے بھی دن آئیں گے
جینا بھی مشکل ہوگا
اور مرنے بھی نہ پائیں گے
کس کو خبر تھی۔۔۔

ہم جیسے برباد دلوں کا
جینا کیا اور مرنا کیا
آج تری محفل سے اٹھے
کل دنیا سے اٹھ جائیں گے
کس کو خبر تھی کس کو یقیں تھا
ایسے بھی دن آئیں گے

***

فلم : چترلیکھا

موسیقار : روشن / خیام

سنسار سے بھاگے پھرتے ہو

آواز : لتا منگیشکر

موسیقار : خیام

سنسار سے بھاگے پھرتے ہو، بھگوان کو تم کیا پاؤ گے
اس لوک کو بھی اپنا نہ سکے، اس لوک میں بھی پچھتاؤ گے
سنسار سے بھاگے پھرتے ہو

یہ پاپ ہے کیا، یہ پن ہے کیا، ریتوں پر دھرم کی ٹھریں ہیں

ہر یگ میں بدلتے دھرموں کو کیسے آدرش بناؤ گے
سنسار سے بھاگے پھرتے ہو، بھگوان کو تم کیا پاؤ گے

یہ بھوک بھی ایک تپسیا ہے، تم تیاگ کے مرے کیا جانو
ایمان رچیتا کا ہوگا، رچنا کو اگر ٹھکراؤ گے
سنسار سے بھاگے پھرتے ہو، بھگوان کو تم کیا پاؤ گے

ہم کہتے ہیں یہ جگ اپنا ہے، تم کہتے ہو جھوٹا سپنا ہے
ہم جنم بنا کر جائیں گے، تم جنم گنوا کر جاؤ گے
سنسار سے بھاگے پھرتے ہو، بھگوان کو تم کیا پاؤ گے

***

من رے۔۔۔

آواز : محمد رفیع

موسیقار : روشن

من رے، تو کاہے نہ دھیر دھیرے
وہ نر موہی موہ نہ جانیں، جن کا موہ کرے
من رے، تو کاہے نہ دھیر دھرے

اس جیون کی چڑھتی ڈھلتی دھوپ کو کس نے باندھا
رنگ پہ کس نے پہرے ڈالے، روپ کو کس نے باندھا
کاہے یہ جتن کرے
من رے، تو کاہے نہ دھیر دھیرے

اتنا ہی اپکار سمجھ، کوئی جتنا ساتھ نبھا دے
جنم مرن کا میل ہے سپنا، یہ سپنا بسرا دے
کوئی نہ سنگ مرے
من رے، تو کاہے نہ دھیر دھیرے

***

فلم : نیا راستہ

موسیقار : این دتا

ایشور، اللہ تیرے نام
آواز : محمد رفیع

ایشور، اللہ تیرے نام
سب کو سنمتی دے بھگوان!

اس دھرتی پر بسنے والے
سب ہیں تیری گود کے پالے
کوئی نیچ نہ کوئی مہان

سب کو سمتی دے بھگوان

جنم کا کوئی مول نہیں ہے
جنم منش کا تول نہیں ہے
کرم سے ہے سب کی پہچان
سب کو سمتی دے بھگوان
★★★

میں نے پی شراب

آواز : محمد رفیع

میں نے پی شراب، تم نے کیا پیا؟ آدمی کا نخوں
میں ذلیل ہوں
تم کو کیا کہوں

تم پیو تو ٹھیک، ہم پئیں تو پاپ
تو جیو تو پن، ہم جئیں تو پاپ
تم شریف لوگ، تم امیر لوگ
ہم تباہ حال، ہم فقیر لوگ
زندگی بھی روگ، موت بھی عذاب
میں نے پی شراب

تم کہو تو سچ، ہم کہیں تو جھوٹ
تم کو سب معاف، ظلم ہو کہ لوٹ
تم نے کتنے دل چاک کر دیے
کتنے بستے گھر خاک کر دیے
میں نے تو کیا خود کو ہی خراب کیا
میں نے پی شراب

ریت اور رواج سب تمہارے ساتھ
دھرم اور سماج سب تمہارے ساتھ
اپنے ساتھ کیا؟ دھول اور دھواں
آج چاہے تم نوچ لو زباں
آنے والا دور لے گا سب حساب
میں نے پی شراب
تم نے کیا پیا آدمی کا خوں
میں ذلیل ہوں، تم کو کیا کہوں؟

***

فلم : چاندی کی دیوار

موسیقار : این دتا

یہ دنیا دو رنگی ہے

آواز : محمد رفیع

یہ دنیا دو رنگی ہے
ایک طرف سے ریشم اوڑھے، ایک طرف سے ننگی ہے
ایک طرف اندھی دولت کی پاگل عیش پرستی
ایک طرف جسموں کی قیمت روٹی سے بھی سستی
ایک طرف ہے سوناگاچی، ایک طرف چورنگی ہے
یہ دنیا دو رنگی ہے

آدھے منہ پر نور برستا، آدھے منہ پہ چھیرے
آدھے تن پر کوڑھ کے دھبے، آدھے تن پر ہیرے
آدھے گھر میں خوشحالی ہے، آدھے گھر میں تنگی ہے
یہ دنیا دو رنگی ہے

ماتھے اوپر مکٹ سجائے، سر پر ڈھوئے گندا
دائیں ہاتھ سے بھکشا مانگے، بائیں ہاتھ سے دے چندا
ایک طرف بھنڈار چلائے، ایک طرف بھک منگی ہے
یہ دنیا دو رنگی ہے

اک سنگم پر لانی ہوگی، دکھ اور سکھ کی دھارا
نئے سرے سے کرنا ہوگا دولت کا بٹوارا
جب تک اونچ اور نیچ ہے باقی، ہر صورت بے ڈھنگی ہے
یہ دنیا دو رنگی ہے

***

اشکوں میں جو پایا ہے

آواز : طلعت محمود

اشکوں میں جو پایا ہے، وہ گیتوں میں دیا ہے
اس پر بھی سنا ہے کہ زمانے کو گلہ ہے
اشکوں میں جو پایا ہے

جو تار سے نکلی ہے وہ دھن سب نے سنی ہے
جو ساز پہ گزری ہے وہ کس دل کو پتا ہے
اشکوں میں جو پایا ہے

ہم پھول ہیں، اوروں کے لئے لائے ہیں خوشبو
اپنے لئے لے دے کے بس اک داغ ملا ہے
اشکوں میں جو پایا ہے، وہ گیتوں میں دیا ہے
اس پر بھی سنا ہے کہ زمانے کو گلہ ہے
اشکوں میں جو پایا ہے

***

فلم : چندر کانتا

موسیقار : این دتا

میں نے چاند اور ستاروں کی تمنا کی تھی

آواز : محمد رفیع

میں نے چاند اور ستاروں کی تمنا کی تھی
مجھ کو راتوں کی سیاہی کے سوا کچھ بھی نہ ملا
میں نے چاند اور۔ ۔ ۔

میں وہ نغمہ ہوں جسے پیار کی محفل نہ ملی

وہ مسافر ہوں جسے کوئی بھی منزل نہ ملی
زخم پائے ہیں، بہاروں کی تمنا کی تھی
میں نے چاند اور ستاروں کی تمنا کی تھی

کسی گیسو، کسی آنچل کا سہارا بھی نہیں
راستے میں کوئی دھندلا سا ستارہ بھی نہیں
میری نظروں نے نظاروں کی تمنا کی تھی
میں نے چاند اور ستاروں کی تمنا کی تھی

دل میں ناکام امیدوں کے بسیرے پائے
روشنی لینے کو نکلا تو اندھیرے پائے
رنگ اور نور کے دھاروں کی تمنا کی تھی
میں نے چاند اور ستاروں کی تمنا کی تھی

میری راہوں سے جدا ہو گئیں راہیں ان کی
آج بدلی نظر آتی ہیں نگاہیں ان کی
جن سے اس دل نے سہاروں کی تمنا کی تھی

میں نے چاند اور ستاروں کی تمنا کی تھی

پیار مانگا تو سسکتے ہوئے ارمان ملے
چین چاہا تو امڈتے ہوئے طوفان ملے
ڈوبتے دل نے کناروں کی تمنا کی تھی
میں نے چاند اور ستاروں کی تمنا کی تھی
مجھ کو راتوں کی سیاہی کے سوا کچھ بھی نہ ملا
میں نے چاند اور۔ ۔ ۔

***

فلم : انصاف کا ترازو

موسیقار : روبندر جین

لوگ عورت کو فقط جسم سمجھ لیتے ہیں

آواز : لتا منگیشکر

لوگ عورت کو فقط جسم سمجھ لیتے ہیں
روح بھی ہوتی ہے اس میں، یہ کہاں سوچتے ہیں
لوگ عورت کو فقط۔۔۔

روح کیا ہوتی ہے، اس سے انہیں مطلب ہی نہیں
وہ تو بس تن کے تقاضوں کا کہا مانتے ہیں

روح مر جائے تو یہ جسم ہے چلتی ہوئی لاش!
اس حقیقت کو سمجھتے ہیں نہ پہچانتے ہیں
لوگ عورت کو فقط۔۔۔

کتنی صدیوں سے یہ وحشت کا چلن جاری ہے
کتنی صدیوں سے ہے قائم یہ گناہوں کا رواج
لوگ عورت کی ہر اک چیخ کو نغمہ سمجھے
وہ قبیلوں کا زمانہ ہو کہ شہروں کا رواج
لوگ عورت کو فقط۔۔۔

جبر سے نسل بڑھے، ظلم سے تن میل کریں
یہ عمل ہم میں ہے، بے علم پرندوں میں نہیں
ہم جو انسانوں کی تہذیب لئے پھرتے ہیں
ہم سا وحشی کوئی جنگل کے درندوں میں نہیں
لوگ عورت کو فقط۔۔۔

اک بجھی روح لئے جسم کے ڈھانچے میں لئے

سوچتی ہوں میں کہاں جا کے مقدر پھوڑوں
میں نہ زندہ ہوں کہ مرنے کا سہارا ڈھونڈوں
لوگ عورت کو فقط۔۔۔

کون بتلائے گا مجھ کو، کسے جا کر پوچھوں!
زندگی قہر کے سانچوں میں ڈھلے گی کب تک
کب تلک آنکھ نہ کھولے گا زمانے کا ضمیر!
ظلم اور جبر کی یہ ریت چلے گی کب تک
لوگ عورت کو فقط۔۔۔

***

فلم : منیم جی

موسیقار : سچن دیو برمن

آجا چل دیں کہیں دور

آواز : لتا منگیشکر

پھیلی ہوئی ہیں سپنوں کی باہیں
آجا چل دیں کہیں دور
وہیں میری منزل وہیں تیری راہیں
آجا چل دیں کہیں دور

اونچے گھاٹ کے سنگ تلے چھپ جائیں
دھندلی فضا میں کچھ کھوئیں کچھ پائیں
دھڑکن کی لے پر کوئی ایسی دھن گائیں
دے دے جو دل کو دل کی پناہیں
آجا چل دیں کہیں دور۔۔۔

جھولا دھنک کا دھیرے دھیرے ہم جھولیں
امبر تو کیا ہے تاروں کے بھی لب چھولیں
مستی میں جھولیں اور سارے غم بھولیں
پیچھے نہ دیکھیں مڑ کے نگاہیں
آجا چل دیں کہیں دور۔۔۔
پھیلی ہوئی ہیں
آجا چل دیں کہیں دور

***

جیون کے سفر میں راہی
آواز: کشور کمار

جیون کے سفر میں راہی

ملتے ہیں بچھڑ جانے کو

اور دے جاتے ہیں یادیں

تنہائی میں تڑپانے کو

اوہو، آہا، اوہو، اوہو ہو ہو

یہ روپ کی دولت والے

کب سنتے ہیں دل کے نالے

تقدیر نے بس میں ڈالے

ان کے کسی دیوانے کو

جیون کے سفر میں راہی

ملتے ہیں بچھڑ جانے کو

اوہو، آہا، اوہو، اوہو ہو ہو

جوان کی نظر سے کھیلے
دکھ پائے، مصیبت جھیلے
پھرتے ہیں یہ سب البیلے
دل لے کے مکر جانے کو
جیون کے سفر میں راہی
ملتے ہیں بچھڑ جانے کو
اوہو، آہا، اوہو، اوہو، اوہو ہو ہو

دل لے کے دغا دیتے ہیں
اک روگ لگا دیتے ہیں
ہنس ہنس کے جاں دیتے ہیں
یہ حسن کے پروانے کو
جیون کے سفر میں راہی
ملتے ہیں بچھڑ جانے کو
اوہو، آہا، اوہو، اوہو، اوہو ہو ہو
***

فلم : دھول کا پھول

موسیقار : این دتا

دامن میں داغ لگا بیٹھے

آواز : محمد رفیع

دامن میں داغ لگا بیٹھے
ہم پیار میں دھوکا کھا بیٹھے
ہائے، ہو۔۔۔ ہائے

چھوٹی سی بھول جوانی کی
جو تم کو یاد نہ آئے گی
اس بھول کے طعنے دے دے کر
دنیا ہم کو تڑپائے گی
اٹھتے ہی نظر جھک جائے گی
آج ایسی ٹھوکر کھا بیٹھے
دامن میں داغ لگا بیٹھے
ہائے، ہو۔۔۔ہائے

چاہت کے لئے جو رسموں کو
خود ساتھ ہی جینے والے تھے
جو ساتھ ہی مرنے والے تھے
طوفاں کے حوالے کر کے ہمیں
خود دور کنارے جا بیٹھے
دامن میں داغ لگا بیٹھے
ہائے، ہو۔۔۔ہائے

لو آج مری مجبور وفا
بدنام کہانی بننے لگی
جو پریم نشانی پائی تھی
وہ پاپ نشانی بننے لگی
دکھ دے کے مجھے جیون بھر کا
وہ سکھ کی سیج سجا بیٹھے
دامن میں داغ لگا بیٹھے
ہم پیار میں دھوکا کھا بیٹھے
ہائے، ہو۔۔۔ہائے

***

ترے پیار کا آسرا چاہتا ہوں

آواز : مہیندر کپور، لتا منگیشکر

مہندر کپور :
ترے پیار کا آسرا چاہتا ہوں
وفا کر رہا ہوں، وفا چاہتا ہوں

لتا :
حسینوں سے عہد وفا چاہتے ہو
بڑے ناسمجھ ہو یہ کیا چاہتے ہو

مہندر کپور :
ترے نرم بالوں میں تارے سجا کے
ترے شوخ قدموں میں کلیاں بچھا کے

محبت کا چھوٹا سا مندر بنا کے
محبت کا چھوٹا سا مندر بنا کے
تجھے رات دن پوجنا چاہتا ہوں
وفا کر رہا ہوں، وفا چاہتا ہوں
ترے پیار کا

لتا:

ذرا سوچ لو دل لگانے سے پہلے
کہ کھونا بھی پڑتا ہے پانے کے پہلے
اجازت تو لے لو زمانہ سے پہلے
کہ تم حسن کو پوجنا چاہتے ہو
بڑے ناسمجھ ہو، یہ کیا چاہتے ہو
بڑے ناسمجھ ہو

مہندر کپور:

کہاں تک جئیں تیری الفت کے مارے
گزرتی نہیں زندگی بن سہارے

بہت ہو چکے دو رُخ کے اشارے
بہت ہو چکے دو رُخ کے اشارے
تجھے پاس سے دیکھنا چاہتا ہوں
وفا کر رہا ہوں، وفا چاہتا ہوں
ترے پیار کا

لتا :
محبت کی دشمن ہے ساری خدائی
محبت کی تقدیر میں ہے جدائی
جو سنتے نہیں ہیں دلوں کی دہائی
انہیں سے مجھے مانگنا چاہتے ہو
بڑے ناسمجھ ہو، یہ کیا چاہتے ہو
بڑے ناسمجھ ہو

مہندر کپور :
دوپٹے کے کونے کو منہ میں دبا کے
ذرا دیکھ لو اس طرف مسکرا کے

مجھے لوٹ لو میرے نزدیک آ کے
کہ میں موت سے کھیلنا چاہتا ہوں
وفا کر رہا ہوں، وفا چاہتا ہوں
ترے پیار کا

لتا :
غلط سارے وعدے، غلط ساری قسمیں
نبھیں گی یہاں کیسے الفت کی رسمیں
یہاں زندگی ہے رواجوں کے بس میں
رواجوں کو تم توڑنا چاہتے ہو
بڑے ناسمجھ ہو، یہ کیا چاہتے ہو
بڑے ناسمجھ ہو

مہندر کپور :
رواجوں کی پرواہ نہ رسموں کا ڈر ہے
تری آنکھ کے فیصلے پر نظر ہے
بلا سے اگر راستا پر خطر ہے

میں اس ہاتھ کو تھامنا چاہتا ہوں
وفا کر رہا ہوں، وفا چاہتا ہوں
ترے پیار کا آسرا چاہتا ہوں
وفا کر رہا ہوں، وفا چاہتا ہوں
ترے پیار کا۔۔۔
***

فلم : نوجواں

موسیقار : سچن دیو برمن

ٹھنڈی ہوائیں

آواز : لتا منگیشکر

ٹھنڈی ہوائیں لہرا کے آئیں
رت ہے جواں ، تم کو یہاں کیسے بلائیں
ٹھنڈی ہوائیں

چاند اور تارے ہنستے نظارے

مل کے سبھی دل میں سکھی جا دو جگائیں
ٹھنڈی ہوائیں لہرا کے آئیں
ٹھنڈی ہوائیں

کہا بھی نہ جائے، رہا بھی نہ جائے
تم سے اگر ملے بھی نظر ہم چھپ جائیں
ٹھنڈی ہوائیں لہرا کے آئیں
رت ہے جواں، تم کو یہاں کیسے بلائیں
ٹھنڈی ہوائیں
***

فلم : بہو بیگم

موسیقار : روشن

خدا کرے کہ قیامت ہو اور تو آئے

آواز : آشا بھونسلے

ہم انتظار کریں گے تراقیامت تک
خدا کرے کہ قیامت ہو اور تو آئے
خدا کرے کہ قیامت ہو اور تو آئے

یہ انتظار بھی اک امتحان ہوتا ہے

اسی سے عشق کا شعلہ جوان ہوتا ہے
بچھائے شوق کے سجدے وفا کی راہوں میں
کھڑے ہیں دید کی حسرت لئے نگاہوں میں
قبول دل کی عبادت ہو اور تو آئے
خدا کرے کہ قیامت ہو اور تو آئے

وہ خوش نصیب جس کو تو انتخاب کرے
خدا ہماری محبت کو کامیاب کرے
جواں ستارۂ قسمت ہو اور تو آئے
خدا کرے کہ قیامت ہو اور تو آئے

★★★

فلم : سونے کی چڑیا

موسیقار : او پی نیر

رات بھر کا ہے مہماں اندھیرا

آواز : محمد رفیع ، آشا بھوسلے

رات بھر کا ہے مہماں اندھیرا
کس کے روکے رکا ہے سویرا

رات جتنی بھی سنگین ہوگی
صبح اتنی ہی رنگین ہوگی

غم نہ کر، گر ہے بادل گھنیرا
کس کے روکے رکا ہے سویرا

لب پہ شکوہ نہ لا، اشک پی لے
جس طرح بھی ہو کچھ دیر جی لے
اب اکھڑنے کو ہے غم کا ڈیرا
کس کے روکے رکا ہے سویرا

یوں ہی دنیا میں آ کر نہ جانا
صرف آنسو بہا کر نہ جانا
مسکراہٹ پہ بھی حق ہے تیرا
کس کے روکے رکا ہے سویرا

***

یار پر بس تو نہیں ہے

آوازیں: طلعت محمود، آشا بھوسلے

پیار پر بس تو نہیں ہے مرا، لیکن پھر بھی
تو بتا دے کہ تجھے پیار کروں یا نہ کروں
پیار پر بس تو نہیں ہے

میرے خوابوں کے جھروکوں کو سجانے والی
تیرے خوابوں میں کہیں میرا گزر ہے کہ نہیں
پوچھ کر اپنی نگاہوں سے بتا دے مجھ کو
میری راتوں کے مقدر میں سحر ہے کہ نہیں
پیار پر بس تو نہیں ہے۔۔۔

کہیں ایسا نہ ہو پاؤں میرے تھرا جائیں
اور تری مرمریں باہوں کا سہارا نہ ملے
اشک بہتے رہیں خاموش سیہ راتوں میں
اور ترے ریشمی آنچل کا کنارا نہ ملے
پیار پر بس تو نہیں ہے
***

فلم : بابر

موسیقار : روشن

سلام حسرت قبول کر لو

سدھا ملہوترا

سلام حسرت قبول کر لو
مری محبت قبول کر لو
سلام حسرت قبول کر لو
اداس نظریں تڑپ تڑپ کر تمہارے جلووں کو ڈھونڈتی ہیں
جو خواب کی طرح کھو گئے ، ان حسین لمحوں کو ڈھونڈتی ہیں

اگر نہ ہو ناگوار تم کو، تو یہ شکایت قبول کر لو!
سلام حسرت قبول کر لو

تمہی نگاہوں کی آرزو ہو، تمہی خیالوں کا مدعا ہو
تمہی مرے واسطے صنم ہو، تمہی مرے واسطے خدا ہو
مری پرستش کی لاج رکھ لو، مری عبادت قبول کر لو
سلام حسرت قبول کر لو

تمہاری جھکتی نظر سے جب تک نہ کوئی پیغام مل سکے گا
نہ روح تسکیں پا سکے گی، نہ دل کو آرام مل سکے گا
غمِ جدائی ہے جان لیوا، یہ اک حقیقت قبول کر لو
سلام حسرت قبول کر لو

***

فلم : واسنا

موسیقار : چتر گپت

یہ پر بتوں کے دائرے

آوازیں : محمد رفیع، لتا منگیشکر

یہ پر بتوں کے دائرے، یہ شام کا دھواں
ایسے میں کیوں نہ چھیڑ دیں دلوں کی داستاں
ذرا سی زلف کھول دو
خزاں میں عطر گھول دو
نظر جو کہہ چکی ہے وہ

بات منہ سے بول دو
کہ جھوم اٹھے نگاہ میں بہاروں کا سماں
یہ پر بتوں کے دائرے، یہ شام کا دھواں

یہ چپ بھی اک سوال ہے
عجیب دل کا حال ہے
یہ اک خیال کھو گیا
بس اب یہی خیال ہے
یہ رنگ روپ، یہ پون!
چمکتے چاند کا بدن
برا نہ مانو تم اگر!
تو چوم لوں کرن کرن
کہ آج حوصلوں میں ہیں بلا کی گرمیاں!
یہ پر بتوں کے دائرے، یہ شام کا دھواں
***

فلم : ٹیکسی ڈرائیور

موسیقار : سچن دیو برمن

جائیں تو جائیں کہاں

آواز : طلعت محمود

جائیں تو جائیں کہاں
سمجھے گا کون یہاں، درد بھرے دل کی زباں
جائیں تو جائیں کہاں

مایوسیوں کا مجمع ہے جی میں

کیا رہ گیا ہے اِس زندگی میں
رُوح میں غم ، دل میں دھواں
جائیں تو جائیں کہاں

اُن کا بھی غم ہے اپنا بھی غم ہے
اب دل کے بچنے کی اُمید کم ہے
ایک کشتی سو طوفاں
جائیں تو جائیں کہاں

***

فلم : جال

موسیقار : سچن دیو برمن

یہ رات یہ چاندنی پھر کہاں

آواز : ہیمنت کمار

یہ رات یہ چاندنی پھر کہاں
سن جا دل کی داستاں
سن جا دل کی داستاں

پیڑوں کی شاخوں پہ سوئی سوئی چاندنی
تیرے خیالوں میں کھوئی کھوئی چاندنی
اور تھوڑی دیر میں تھک کے لوٹ جائے گی
رات یہ بہار کی پھر کبھی نہ آئے گی
دو ایک پل اور ہے یہ سماں
سن جا دل کی داستاں

سن جا دل کی داستاں

لہروں کے ہونٹوں پہ دھیما دھیما راگ ہے
بھیگی ہواؤں میں ٹھنڈی ٹھنڈی آگ ہے
اس حسیں آگ میں تو بھی جل کے دیکھ لے
زندگی کے گیت کی دھن بدل کے دیکھ لے
کھلنے دے اب دھڑکنوں کی زباں
سن جا دل کی داستاں
سن جا دل کی داستاں

جاتی بہاریں میں اٹھتی جوانیاں
تاروں کی چھاؤں میں کہہ لے کہانیاں
اک بار چل دئیے گر تجھے پکار کے
لوٹ کر نہ آئیں گے قافلے بہار کے
آ جا ابھی زندگی ہے جواں
سن جا دل کی داستاں
سن جا دل کی داستاں

***

فلم : فنٹوش

موسیقار : سچن دیو برمن

دکھی من میرے سن میرا کہنا
آواز : کشور کمار

دکھی من میرے سن میرا کہنا
جہاں نہیں چینیا وہاں نہیں رہنا
دکھی من میرے

درد ہمارا کوئی نہ جانے

اپنی غرض کے سب ہیں دیوانے
کس کے آگے رونا روئے
دیس پرایا لوگ بیگانے
دکھی من میرے سن میرا کہنا
جہاں نہیں چینا وہاں نہیں رہنا
دکھی من میرے

لاکھ یہاں جھولی پھیلا لے
کچھ نہیں دیں گے یہ جگ والے
پتھر کے دل موم نہ ہوں گے
چاہے جتنا نیر بہا لے
دکھی من میرے سن میرا کہنا
جہاں نہیں چینا وہاں نہیں رہنا
دکھی من میرے

اپنے لیے کب ہیں یہ میلے
ہم ہیں ہر ایک میلے میں اکیلے

کیا پائے گا اس میں رہ کر
جو دنیا جیون سے کھیلے
دکھی من میرے سن میرا کہنا
جہاں نہیں چینا وہاں نہیں رہنا
دکھی من میرے
***

فلم : آنکھیں

موسیقار : روی

غیروں پہ کرم اپنوں پہ ستم

آواز : لتا منگیشکر

غیروں پہ کرم اپنوں پہ ستم
اے جانِ وفا یہ ظلم نہ کر
رہنے دے ابھی تھوڑا سا بھرم
اے جانِ وفا یہ ظلم نہ کر
یہ ظلم نہ کر

ہم چاہنے والے ہیں تیرے
یوں ہم کو جلانا ٹھیک نہیں
محفل میں تماشا بن جائیں
اس طرح جلانا ٹھیک نہیں
مر جائیں گے ہم، مٹ جائیں گے ہم
اے جانِ وفا یہ ظلم نہ کر
یہ ظلم نہ کر

ہم بھی ہیں ترے منظورِ نظر
دل چاہے تو اب انکار نہ کر
سو تیر چلا سینے پہ مگر!
بیگانوں سے مل کے وار نہ کر
تجھ کو ترے بے دردی کی قسم
اے جانِ وفا یہ ظلم نہ کر!
یہ ظلم نہ کر
★★★

ملتی ہے زندگی میں محبت کبھی کبھی

آواز : لتا منگیشکر

ملتی ہے زندگی میں محبت کبھی کبھی
ہوتی ہے دلبروں کی عنایت کبھی کبھی
ملتی ہے زندگی میں

شرما کے منہ نہ پھیر نظر کے سوال پر
شرما کے منہ نہ پھیر نظر کے سوال پر
لاتی ہے ایسے موڑ پہ قسمت کبھی کبھی
لاتی ہے ایسے موڑ پہ قسمت کبھی کبھی
ملتی ہے زندگی میں

کھلتے نہیں ہیں روز دریچے بہار کے
کھلتے نہیں ہیں روز دریچے بہار کے
آتی ہے جان من یہ قیامت کبھی کبھی
آتی ہے جان من یہ قیامت کبھی کبھی
ملتی ہے زندگی میں

تنہا نہ کٹ سکیں گے جوانی کے راستے
تنہا نہ کٹ سکیں گے جوانی کے راستے
پیش آئے گی کسی کی ضرورت کبھی کبھی
پیش آئے گی کسی کی ضرورت کبھی کبھی
ملتی ہے زندگی میں

پھر کھو نہ جائیں ہم کہیں دنیا کی بھیڑ میں
پھر کھو نہ جائیں ہم کہیں دنیا کی بھیڑ میں
ملتی ہے پاس آنے کی مہلت کبھی کبھی
ملتی ہے پاس آنے کی مہلت کبھی کبھی
ملتی ہے زندگی میں محبت کبھی کبھی

***

فلم : چار دل چار راہیں

موسیقار : انل بشواس

انتظار اور ابھی اور ابھی اور ابھی

آواز : لتا منگیشکر

میں یہ کہتی ہوں کہ کس روز حضور آئیں گے
دل یہ کہتا ہے کہ اک دن وہ ضرور آئیں گے
انتظار اور ابھی اور ابھی اور ابھی
انتظار اور ابھی اور ابھی اور ابھی
انتظار اور
سانس کی لالی سلگ سلگ کر بن گئی کالی دھول

آئے نہ بالم بے دردی میں چھنتی رہ گئی دھول

انتظار اور ابھی اور ابھی اور ابھی

انتظار اور ابھی اور ابھی اور ابھی

انتظار اور

رین گئی بوجھل اکھین میں چھبنے لاگے تارے

دیس میں میں پردیسن ہو گئی جب سے پیا سدھارے

انتظار اور ابھی اور ابھی اور ابھی

انتظار اور ابھی اور ابھی اور ابھی

انتظار اور

بھور بھئی پر کوئی نہ آیا سونی سیج سجانے

تارے ڈوبے دیپ بجھ گئے راکھ ہوئے پروانے

انتظار اور ابھی اور ابھی اور ابھی

انتظار اور ابھی اور ابھی اور ابھی

انتظار اور

***

کوئی مانے نہ مانے
آواز : لتا منگیشکر

کوئی مانے نہ مانے
کوئی مانے نہ مانے ، مگر ، جانِ من
کچھ تمہیں چاہئیے کچھ ہمیں چاہئیے
کچھ تمہیں چاہئیے کچھ ہمیں چاہئیے
کوئی مانے نہ مانے مگر جانِ من
کچھ تمہیں چاہئیے کچھ ہمیں چاہئیے
کچھ تمہیں چاہئیے

تم کو نغموں کی انگڑائیاں چاہئیے
ہم کو سکھوں کی پرچھائیاں چاہئیے
ہم کو سکھوں کی پرچھائیاں چاہئیے
تم کو راتیں بتانے کا فن چاہئیے
ہم کو دن کا ٹلنے کا جتن چاہئیے

تم کو تن چاہئیے - ہم کو جاں چاہئیے
کچھ نہ کچھ سب کو اے مہرباں چاہئیے
کچھ نہ کچھ سب کو اے مہرباں چاہئیے
کوئی مانے۔۔۔۔

کوئی دل کوئی چاہت سے مجبور ہے
جو بھی ہے وہ ضرورت سے مجبور ہے
کوئی مانے نہ مانے مگر جانِ من۔۔۔

چھپتے سب سے ہو کیوں، سامنے آؤ جی
ہم تمہارے ہیں ہم سے نہ شرماؤ جی
ہم تمہارے ہیں ہم سے نہ شرماؤ جی
یہ نہ سمجھو کہ ہم کو خبر کچھ نہیں
یہ نہ سمجھو
سب ادھر ہی ادھر ہے ادھر کچھ نہیں
یہ نہ سمجھو
تم بھی بے چین ہو، ہم بھی بیتاب ہیں

جب سے آنکھیں ملیں دونوں بے خواب ہیں
جب سے آنکھیں ملیں دونوں بے خواب ہیں
کوئی مانے نہ مانے۔۔۔

عشق اور مشک چھپتے نہیں ہیں کبھی
اس حقیقت سے واقف ہیں ہم تم سبھی
کہ
اپنے دل کی لگی کو چھپاتے ہو کیوں
اپنے دل کی لگی کو چھپاتے ہو کیوں
یہ محبت کی گھڑیاں گنواتے ہو کیوں
یہ محبت کی گھڑیاں گنواتے ہو کیوں
پیاس بجھتی نہیں ہے نظارے بنا
عمر کٹتی نہیں ہے سہارے بنا
عمر کٹتی نہیں ہے سہارے بنا
کوئی مانے نہ مانے۔۔۔

★★★

فلم : جورو کا بھائی

موسیقار : جے دیو

صبح کا انتظار کون کرے

آواز : لتا منگیشکر، طلعت محمود

سرمئی رات ہے ستارے ہیں
آج دونوں جہاں ہمارے ہیں
صبح کا انتظار کون کرے

پھر یہ رُت یہ سماں ملے نہ ملے
آرزو کا چمن کھلے نہ کھلے
وقت کا اعتبار کون کرے

صبح کا انتظار کون کرے

لے بھی لو ہم کو اپنی باہوں میں
روح بے چین ہے نگاہوں میں
التجا بار بار کون کرے
صبح کا انتظار کون کرے
★★★

فلم : بہورانی

موسیقار : سی رام چندر

سجن تم سو جاؤ

آواز : لتا منگیشکر

میں جاگوں ساری رین سجن تم سو جاؤ
گیتوں میں چھپا لوں بین سجن تم سو جاؤ
آج نہیں وہ رین سجن تم سو جاؤ

شام ڈھلے سے بھور بھئے تک جاگ کے جب کٹتی ہے گھڑیاں

مدھر ملن کی اوس میں بس کر کھلتی ہیں جب جیون کی کلیاں
آج نہیں وہ رین سجن تم سو جاؤ

پھیکی پڑ گئی چاند کی جیوتی دھند لے پڑ گئے دیپ مگن کے
سو گئیں سندر سیج کی کلیاں سو گئے کھلتے بھاگ دلہن کے
کھل کر رو لیں نین سجن تم سو جاؤ

جاگ کے تن کی اگنی سو گئی بڑھ کے تھم گئی من کی ہلچل
اپنا گھونگھٹ آپ الٹ کر کھول دی میں پاؤں کی پائل
اب ہے چین ہی چین سجن تم سو جاؤ
***

فلم : ریلوے پلیٹ فارم

موسیقار : مدن موہن

بستی بستی پر بت پر بت

آواز : محمد رفیع

بستی بستی پر بت پر بت گاتا جائے بنجارا
لے کر دل کا اک تارا

پل دو پل کا ساتھ ہمارا پل دو پل کی یاری
آج رکے تو کل کرنی ہے چلنے کی تیاری
قدم قدم پر ہونی بیٹھی اپنا جال بچھائے

بستی بستی پر بت پر بت گاتا جائے بنجارا
لے کر دل کا اک تارا

اس جیون کی راہ میں جانے کون کہاں رہ جائے
دھن دولت کے پیچھے کیوں ہے یہ دنیا دیوانی
یہاں کی دولت یہیں رہے گی ساتھ نہیں یہ جانی
بستی بستی پر بت پر بت گاتا جائے بنجارا
لے کر دل کا اک تارا

سونے چاندی میں تلتا ہو جہاں دلوں کا پیار
آنسو بھی بیکار وہاں پر آہیں بھی بیکار
بستی بستی پر بت پر بت گاتا جائے بنجارا
لے کر دل کا اک تارا

دنیا کے بازار میں آخر چاہت بھی بیوپار بنی
میرے دل سے ان کے دل تک چاندی کی دیوار بنی
بستی بستی پر بت پر بت گاتا جائے بنجارا

لے کر دل کا اک تارا

ہم جیسوں کے بھاگ میں لکھا چاہت کا وردان نہیں
جس نے ہم کو جنم دیا وہ پتھر ہے ، بھگوان نہیں
بستی بستی پر بت پر بت گاتا جائے بنجارہ
لے کر دل کا اک تارا

★★★

چاند مدھم ہے آسماں چپ ہے

آواز : لتا منگیشکر

چاند مدھم ہے آسماں چپ ہے
نیند کی گود میں جہاں چپ ہے
چاند مدھم ہے

دور وادی میں دودھیا بادل
جھک کے پربت کو پیار کرتے ہیں
دل میں ناکام حسرتیں لے کر
ہم ترا انتظار کرتے ہیں
ان بہاروں کے سائے میں آجا
پھر محبت جواں رہے نہ رہے
زندگی تیرے نامرادوں پر

کل تلک مہرباں رہے نہ رہے!
روز کی طرح آج بھی تارے
صبح کی گرد میں نہ کھو جائیں
آ اترے غم میں جاگتی آنکھیں
کم سے کم ایک رات سو جائیں
چاند مدھم ہے آسماں چپ ہے
نیند کی گود میں جہاں چپ ہے
چاند مدھم ہے
***

فلم : دوج کا چاند

موسیقار : روشن

میرے ساتھی خالی جام

آواز : محمد رفیع

محفل سے اٹھ جانے والو تم لوگوں پر کیا الزام
تم آباد گھروں کے باسی میں آوارہ اور بدنام
میرے ساتھی خالی جام
میرے ساتھی خالی جام

دو دن تم نے پیار جتایا دو دن تم سے میل رہا
اچھا خاصا وقت کٹا اور اچھا خاصا کھیل رہا

اب اس کھیل کا ذکر ہی کیا کہ وقت کٹا اور کھیل تمام
میرے ساتھی خالی جام
میرے ساتھی خالی جام

تم نے ڈھونڈی سکھ کی دولت میں نے پالا غم کا روگ
کیسے بنتا کیسے نبھتا یہ رشتہ اور یہ سنجوگ
میں نے دل کو دل سے تولا تم نے مانگے پیار کے دام
میرے ساتھی خالی جام
میرے ساتھی خالی جام

تم دنیا کو بہتر سمجھے میں پاگل تھا خوار ہوا
تم کو اپنانے نکلا تھا خود سے بھی بیزار ہوا
دیکھ لیا گھر پھونک تماشا جان لیا میں نے انجام
میرے ساتھی خالی جام
میرے ساتھی خالی جام
***

فلم : ایک محل ہو سپنوں کا

موسیقار : روی

دیکھا ہے زندگی کو۔۔۔

کشور کمار

دیکھا ہے زندگی کو کچھ اتنا قریب سے
چہرے تمام لگنے لگے ہیں عجیب سے
دیکھا ہے زندگی کو

کہنے کو دل کی بات جنہیں ڈھونڈتے تھے ہم
محفل میں آ گئے ہیں وہ اپنے نصیب سے

دیکھا ہے زندگی کو

نیلام ہو رہا تھا کسی نازنیں کا پیار
قیمت نہیں چکائی گئی اک غریب سے
دیکھا ہے زندگی کو

تیری وفا کی لاش پہ لامیں ہی ڈال دوں
ریشم کا یہ کفن جو ملا ہے رقیب سے
دیکھا ہے زندگی کو کچھ اتنا قریب سے
چہرے تمام لگنے لگے ہیں عجیب سے
***

فلم : بہو بیٹی

موسیقار : روی

سب میں شامل ہو مگر سب سے جدا لگتی ہو

آواز : محمد رفیع

سب میں شامل ہو مگر سب سے جدا لگتی ہو
صرف ہم سے نہیں خود سے بھی جدا لگتی ہو
سب میں شامل ہو

آنکھ اٹھتی ہے نہ جھکتی ہے کسی کی خاطر

سانس چڑھتی ہے نہ رکتی ہے کسی کی خاطر
جو کسی در پہ نہ ٹھہرے وہ ہوا لگتی ہو
سب میں شامل ہو

زلف لہرائے تو آنچل میں چھپا لیتی ہو
ہونٹ تھرائے تو دانتوں میں دبا لیتی ہو
جو کبھی کھل کے نہ برسے وہ گھٹا لگتی ہو
سب میں شامل ہو

جاگی جاگی نظر آتی ہو نہ سوئی سوئی
تم جو ہو وا اپنے خیالات میں کھوئی ہوئی
کسی مایوس مصور کی دعا لگتی ہو
سب میں شامل ہو
***

جیو تو ایسے جیو جیسے سب تمہارا ہے

آواز : محمد رفیع

جیو تو ایسے جیو جیسے سب تمہارا ہے
مرو تو ایسے کہ جیسے تمہارا کچھ بھی نہیں!
جیو تو ایسے جیو جیسے سب تمہارا ہے

یہ ایک راز کہ دنیا نہ جس کو جان سکی
یہی وہ راز ہے جو زندگی کا حاصل ہے
تمہی کہو! تمہیں یہ بات کیسے سمجھاؤں
کہ زندگی کی گھٹن زندگی کی قاتل ہے
ہر اک نگاہ کو قدرت کا یہ اشارہ ہے
جیو تو ایسے جیو جیسے سب تمہارا ہے

جہاں میں آ کے جہاں سے کھنچے کھنچے نہ رہو
وہ زندگی ہی نہیں، جس میں آس بجھ جائے
کوئی بھی پیاس دبائے سے دب نہیں سکتی
اسی سے چین ملے گا کہ پیاس بجھ جائے
یہ کہہ کے مڑتا ہوا زندگی کا دھارا ہے!
جیو تو ایسے جو جیسے سب تمہارا ہے

یہ آسماں پہ زمیں، یہ فضا یہ نظارے
ترس رہے ہیں تمہاری مری نظر کے لئے
نظر چرا کے ہر اک شے کو یوں نہ ٹھکراؤ
کوئی شریکِ سفر ڈھونڈ لو سفر کے لئے
بہت قریب سے میں نے تمہیں پکارا ہے!
جیو تو ایسے جو جیسے سب تمہارا ہے

***

ہاؤس نمبر 44

موسیقار: سچن دیو برمن

تری دنیا میں جینے سے تو بہتر ہے کہ مر جائیں

آواز: ہیمنت کمار

تری دنیا میں جینے سے تو بہتر ہے کہ مر جائیں
وہی آنسو، وہی آہیں، وہی غم ہے جدھر جائیں
تری دنیا میں جینے سے تو بہتر ہے کہ مر جائیں

کوئی تو ایسا گھر ہوتا جہاں سے پیار مل جاتا
وہی بیگانے چہرے ہیں، جہاں جائیں جدھر جائیں

تری دنیا میں جینے سے تو بہتر ہے کہ مر جائیں

ارے او آسماں والے بتا اس میں برا کیا ہے
خوشی کے چار جھونکے گرا دھر سے بھی گزر جائیں!
تری دنیا میں جینے سے تو بہتر ہے کہ مر جائیں
***

پھیلی ہوئی ہیں سپنوں کی باہیں

آواز: لتا منگیشکر

پھیلی ہوئیں ہیں سپنوں کی باہیں
آ جا چل دیں کہیں دور
وہیں میری منزل وہیں تیری راہیں
آ جا چل دیں کہیں دور

اونچے گھاٹ کے سنگ تلے چھپ جائیں
دھندلی فضا میں کچھ کھوئیں کچھ پائیں
دھڑکن کی لے پر کوئی ایسی دھن گائیں
دے دے جو دل کو دل کی پناہیں
آ جا چل دیں کہیں دور۔۔۔

جھولا دھنک کا دھیرے دھیرے ہم جھولیں
امبر تو کیا ہے تاروں کے بھی لب چھولیں
مستی میں جھولیں اور سارے غم بھولیں
پیچھے نہ دیکھیں مڑ کے نگاہیں
آ جا چل دیں کہیں دور۔۔۔
پھسلی ہوئی ہیں۔۔۔

***

فلم : نیل کمل

موسیقار : روی

بابل کی دعائیں لیتی جا

آواز : رفیع

بابل کی دعائیں لیتی جا، جا تجھ کو سکھی سنسار ملے
میکے کی کبھی نہ یاد آئے سسرال میں اتنا پیار ملے
بابل کی دعائیں ۔ ۔ ۔

نازوں سے تجھے پالا میں نے کلیوں کی طرح پھولوں کی طرح
بچپن میں جھلایا ہے تجھ کو بانہوں نے میری جھولوں کی طرح

میرے باغ کی اے نازک ڈالی ، تجھے ہر پل نئی بہار ملے
بابل کی دعائیں ۔۔۔

جس گھر میں بندھے ہیں بھاگ تیرے اُس گھر میں سدا تیرا راج رہے
ہونٹوں پہ ہنسی کی دھوپ کھلے ، ماتھے پہ خوشی کا تاج رہے
کبھی جس کی جوت نہ ہو پھیکی تجھے ایسا روپ سنگھار ملے
بابل کی دعائیں ۔۔۔

بیتیں تیرے جیون کی گھڑیاں آرام کی ٹھنڈی می چھاؤں میں
کانٹا بھی نہ چبھنے پائے کبھی ، میری لاڈلی تیرے پاؤں میں
اُس دوار سے بھی دکھ دور رہیں، جس دوار سے تیرا دوار ملے
بابل کی دعائیں ۔۔۔

***

فلم : میرین ڈرائیو

موسیقار : این دتا

میں نشے میں ہوں

آواز : محمد رفیع

اب وہ کرم کریں کہ ستم میں نشے میں ہوں
مجھ کو نہ کوئی ہوش نہ غم میں نشے میں ہوں

سینے سے بوجھ ان کے غموں کا اتار کے
آیا ہوں آج اپنی جوانی کو ہار کے

کہتے ہیں ڈگمگاتے قدم میں نشے میں ہوں
اب وہ کرم کریں کہ ستم میں نشے میں ہوں

وہ بے وفا ہے اب بھی یہ دل مانتا نہیں
کمبخت ناسمجھ ہے انہیں جانتا نہیں
میں آج توڑ دوں گا بھرم میں نشے میں ہوں
اب وہ کرم کریں کہ ستم میں نشے میں ہوں

فرصت نہیں ہے رونے رلانے کے واسطے
آئے نہ ان کی یاد ستانے کے واسطے
اس وقت دل میں درد ہے کم میں نشے میں ہوں
اب وہ کرم کریں کہ ستم میں نشے میں ہوں

***

فلم : عزت

موسیقار : لکشمی کانت پیارے لال

نقلی چہرہ سامنے آئے ، اصلی صورت چھپی رہے

آواز : محمد رفیع

کیا ملئے ایسے لوگوں سے ، جن کی فطرت چھپی رہے
نقلی چہرہ سامنے آئے ، اصلی صورت چھپی رہے
نقلی چہرہ سامنے آئے ، اصلی صورت چھپی رہے

خود سے بھی جو خود کو چھپائیں ، کیا ان سے پہچان کریں

کیا ان کے دامن سے پلٹیں، کیا ان کا ارمان کریں
جن کی آدھی نیت ابھرے، آدھی نیت چھپی رہے
نقلی چہرہ سامنے آئے، اصلی صورت چھپی رہے
نقلی چہرہ سامنے آئے، اصلی صورت چھپی رہے

جن کے ظلم سے دکھی ہے جنتا، ہر بستی ہر گاؤں میں
دیا دھرم کی بات کریں وہ بیٹھ کے سچی سبھاؤں میں
دان کا چرچا گھر گھر پہنچے، لوٹ کی دولت چھپی رہے
نقلی چہرہ سامنے آئے، اصلی صورت چھپی رہے
نقلی چہرہ سامنے آئے، اصلی صورت چھپی رہے

دیکھیں نقلی چہروں کی کب تک جے جے کار چلے
اجلے کپڑوں کی تہہ میں کب تک کالا سنسار چلے
کب تک لوگوں کی نظروں سے چھپی حقیقت چھپی رہے
نقلی چہرہ سامنے آئے، اصلی صورت چھپی رہے
نقلی چہرہ سامنے آئے، اصلی صورت چھپی رہے

***

فلم : داستان

موسیقار : لکشمی کانت، پیارے لال

نہ تو زمیں کے لئے ہے نہ آسماں کے لئے

آواز : محمد رفیع

نہ تو زمیں کے لئے ہے نہ آسماں کے لئے
نہ تو زمیں کے لئے ہے نہ آسماں کے لئے
ترا وجود ہے اب صرف داستاں کے لئے
نہ تو زمیں کے لئے ہے نہ آسماں کے لئے

پلٹ کے سوئے چمن دیکھنے سے کیا ہوگا

وہ شاخ ہی نہ رہی، جو تھی آشیاں کے لئے
نہ تو زمیں کے لئے ہے نہ آسماں کے لئے

غرض پرست جہاں میں وفا تلاش نہ کر
یہ شے بنی تھی کسی دوسرے جہاں کے لئے
نہ تو زمیں کے لئے ہے نہ آسماں کے لئے
★★★

فلم : گرل فرینڈ

موسیقار : ہیمنت کمار

کشتی کا خاموش سفر ہے

آوازیں : کشور کمار، سدھا ملہوترا

کشور :
کشتی کا خاموش سفر ہے، شام بھی ہے تنہائی بھی
دور کنارے پہ بجتی ہے، لہروں کی شہنائی بھی
آج مجھے کچھ کہنا ہے

لیکن یہ شرمیلی نگاہیں، مجھ کو اجازت دیں تو کہوں
خود میری بے تاب امنگیں تھوڑی فرصت دیں تو کہوں
آج مجھے کچھ کہنا ہے

سدھا :

جو کچھ تم کو کہنا ہے، وہ میرے ہی دل کی بات نہ ہو
جو ہے مرے خوابوں کی منزل، اس منزل کی بات نہ ہو
آج مجھے کچھ کہنا ہے

کشور :

کہتے ہوئے ڈر سا لگتا ہے، کہہ کر بات نہ کھو بیٹھوں
یہ جو ذرا سا ساتھ ملا ہے، یہ بھی ساتھ نہ کھو بیٹھوں
آج مجھے کچھ کہنا ہے

سدھا :

کب سے تمہارے رستے میں، میں پھول بچھائے بیٹھی ہوں
کہہ بھی چکو جو کہنا ہے، میں آس لگائے بیٹھی ہوں

کشور :

آج مجھے کچھ کہنا ہے

سدھا :

کہہ بھی چکو جو کہنا ہے

دونوں :

دل نے دل کی بات سمجھ لی، اب منہ سے کیا کہنا ہے
آج نہیں تو کل کہہ لیں گے، اب تو ساتھ ہی رہنا ہے

سدھا :

کہہ بھی چکو، جو کہنا ہے،

کشور :

چھوڑو، اب کیا کہنا ہے!!

***